ख़ूबसूरत मोड़

काव्य - संग्रह

विभा जैन

NOTION PRESS

NOTION PRESS

India. Singapore. Malaysia.

ISBN xxx-x-xxxxx-xx-x

जब ज़िन्दगी में नए नए मोड़ आते गए,
तब मेरे एहसास शब्दों का रूप लेते गए।

दीया

उम्मीद का दीया जब भी जलता है,
उजाला साथी हमारा बन जाता है।

विचार

अपने विचारों को व्यक्त करने का डर नहीं,
कोई कुछ भी सोचे ज़माने का कोई भय नहीं।

रंग-ए-शादमानी

रंग-ए-शादमानी से मैं कुछ इस तरह रंग गई,
देखकर जिसे तितलियाँ भी ईर्ष्या से जल गई।

मंज़िल

हमारी ज़िन्दगी का रास्ता तेरी तरफ़ ही था,

हम देख न सके तू ही तो हमारी मंज़िल था।

इश्क़

इश्क़ वो गुलाब है जिसकी महक बहुत ही ख़ास है,

रुह में उतर जाने वाला एक ख़ूबसूरत एहसास है।

ग़म

ज़िन्दगी में ग़म ने हमें बहुत कुछ दिखा दिया,

जज़्बात को कागज़ पर संवारना सीखा दिया।

रिश्ते

रुठने मनाने के खेल में,

पक्के रिश्ते भी कभी कभी कच्चे पड़ जाते हैं।

ग़म और ख़ुशियाँ

काश! ग़म बेच सकते ख़ुशियाँ खरीद सकते,

सोचो अगर ऐसा होता तो कितना अच्छा होता।

तन्हाई

रिश्तों को निभाते हुए हम इतना थक गए,

कि तन्हाई के कुछ पल अच्छे लगने लग गए।

दिखावा

मुझे नहीं आता दिखावा करना,
झूठ बोलकर सब को ख़ुश करना।

पंछी

आज़ाद पंछियों को उड़ने दो नीले आसमान में,
शिकार करके शिकारी न बनो इन पंछियों के।

गहरे घाव

गुज़रा वक़्त कुछ गहरे घाव दिल पर छोड़ जाता है,
भरने में जिनको कई बार लंबा समय लग जाता है।

इश्क़

इश्क़ का रोग हमने ऐसा लगा लिया,

ठीक होने का जिसने नाम न लिया।

दिल

दिल में किसी और को कैसे बसा ले,

जब दिल पहले ही है किसी के हवाले।

मेरी क़लम

ऐ मेरी क़लम तू ही मेरी सच्ची मोहब्बत है,

मुझे अच्छे से समझने वाली सिर्फ़ एक तू है।

नफ़रत

बेइंतहा मोहब्बत होती है जब किसी से,

चाह कर भी नफ़रत नहीं कर पाते उससे।

बेरूख़ी

जब उसने हमारी मोहब्बत की कद्र ही नहीं की,

तब हमनें भी उसे अपनी बेरूख़ी तोहफ़े में दे दी।

तलाश

तलाश है उसकी जिसकी रुह मेरी रुह से मिल जाए,

जिसके इश्क़ में डूब कर हम अपने सारे ग़म भूल जाए।

रूह

ज़रूरत है अपने अंदर भी झांकने की,

रूह पर जमी हुई धूल को हटाने की।

मौन

तुम्हारी मौन की भाषा जो समझ गया

समझो उसने तुम्हारी रूह को पढ़ लिया।

बातें

चाँद तारों से कुछ भी नहीं छिपा है

इश्क़ में डूबे लोगों की बातें उन्हें ख़ूब पता है।

झुमका

पहन कर जिसे मेरा चेहरा है चमका
वो है ज़ुल्फ़ों में छिपा मेरा प्यारा झुमका।

निगाहें

आँखों में चमक चेहरे पर मुस्कान आ जाती है,
जब मेरी निगाहें तेरी निगाहों से मिल जाती है।

मुस्कान

घायल हो जाए दिल हमारा मुस्कान उनकी ऐसी थी,
तभी उन पर मरने वालों की फ़ेहरिस्त बहुत लंबी थी।

तारीफ़

कोई तारीफ़ के काबिल हो तो ज़रूर उसकी तारीफ़ करे

मगर ध्यान रहे की झूठी तारीफ़ नहीं सच्ची तारीफ़ करे।

दिमागी खेल

जब भी कभी दिमागी खेल खेलने की कोशिश हुई,

नज़दीकियाँ नहीं दूरियाँ ही खिलाड़ियों को नसीब हुई।

क़त्ल

हम तो पहले से ही घायल है सनम तेरे इश्क़ में,

हमारी तरफ़ देखकर करो नहीं क़त्ल हमारा निगाहों से।

मुखौटा

मुखौटा अच्छाई का पहने हुए लोग ही देते हैं ज़ख़्म गहरे,

ऐसे लोगों से बचने के लिए ही अक्सर लगाने पड़ जाते हैं पहरे।

ख़ामोशी

कुछ तो कह

ख़ामोशी सहन

नहीं होती तेरी,

क्योंकि तुम ही

हो मोहब्बत मेरी।

स्याही

स्याह रात में प्यार की स्याही बिखेर कर

लिख रही हूँ एक प्यारी कविता तेरे नाम

हर एक अल्फ़ाज़ दिल से लिखते हैं हम

पढ़कर जान लेना हमारे लिए क्या हो तुम।

ख़ास

किसी के लिए फूलों की सुगंधित ख़ुशबू सा
किसी के लिए काँटों की असहनीय चुभन सा,
इश्क़ में होते हैं अलग अलग तरह के एहसास
जब दिल को भा जाता है कोई बहुत ही ख़ास।

दस्तूर

इश्क़ सही इंसान से गलत समय पर हुआ है
क़िस्मत का प्रारंभ से बस यही दस्तूर रहा है,
प्रेमी प्रेमिकाओं के ऐसे क़िस्से ख़ूब प्रचलित है
जिसमें क़िस्मत ने अपने अनुसार खेल खेला है।

उड़ना

क्या हुआ अगर उड़ना आता ही नहीं
उड़ने की हर पल कोशिश करते रहो,
मगर जब भी कभी उड़ना सीख जाओ
तब अपनी राह से बिल्कुल भटकना नहीं।

मन

कभी भी विचलित नहीं होना मन मेरे
दिमागी खेल खेलने वाले मिलेंगे कई
मगर तू रखना सिर्फ़ खुद पर यकीन,
जो ठीक न लगे वो राह पकड़ना नहीं
जो राह ठीक लगे उसको छोड़ना नहीं।

ग़म

अपने ग़म के साथ साथ दूसरों
का ग़म भी थोड़ा समझ लेती हूँ,
इश्क़ के साथ साथ मैं ग़म भी
बहुत ख़ूब लिख लेती हूँ।

अपने

अपने रुठ कर जल्दी मान जाते हैं
प्यार के धागे को टूटने नहीं देते हैं,
हमारे सुख दुख में करीब रहते हैं
सहारा बन हमेशा साथ खड़े होते हैं।

अकेलापन

अकेलापन जब भाने लगे दिल को
तब जाकर एहसास होता है मन को,
कि नकली लोगों का साथ सुकून नहीं
ऐसे लोगों से अच्छा अकेलापन ही सही।

चाँद

चाँद कहाँ रहते हो तुम
धरती पर क्यों नहीं आते हो तुम,
मन करता है तुम्हें बस देखते रहे
तुम्हारी शीतलता में सुकून ढूंढे हम,
पसंद है तुम्हारा हर रुप इस दिल को
आधा हो या पूरा चाँद है सबसे प्यारा।

मंज़िल

अपनी मंज़िल को पाने की जागी ख़्वाहिश है
राह में बिखरे हैं काँटें फिर भी नई आशा है,
चल पड़े हैं कदम रुकना जिन्होंने सीखा नहीं
दौड़ों क्योंकि मंज़िल पाना इतना आसान नहीं।

प्यारे रिश्ते

कुछ यूँ ही बदल गए प्यारे रिश्ते गलतफहमियों के
चक्रव्यूह में फंसकर कि प्यार दूर होता चले गया,
टूटकर चकनाचूर हुआ रिश्तों में भरोसे का शीशा
ग़म जुदाई का सहते हुए जीना भी दूभर हो गया।

बेख़ौफ़

बेख़ौफ़ व्यतीत करनी है मुझको ये ज़िंदगानी
इजाज़त नहीं कि करे कोई मेरे साथ मनमानी,
खुद पर भरोसा रखने वाले अक्सर झुकते नहीं
डरा कर कोई कर ले बस में यह मुमकिन नहीं।

मोहब्बत की राह

लिखनी है दास्तान ज़िन्दगी की कोरे पन्नों पर
करना है बयां बहुत कुछ स्याही को बिखेर कर,
मोहब्बत की राह आसान नहीं ये है बात पुरानी
काँटे हैं हर मोड़ पर लिखकर ये है बात बतानी।

फ़रियाद

रब से करूँ मैं यह फ़रियाद देना शांति दिन रात
किसी के दिल को न पहुँचे मेरे द्वारा कोई घात,
खुशियों से भर दूँ जीवन उनका जो है मेरे खास
मिल जाए थोड़ी ख़ुशियाँ मुझे भी यही है आस।

काँच सा दिल

काँच सा दिल है हमारा ग़ौर करो तुम इस बात पर
टूट कर चूर चूर न हो जाए रखो ज़रा संभाल कर,
कई तरह के एहसास से भरा रहता है हमार दिल
खोलता अपने दरवाज़े जब कोई ख़ास जाए मिल।

खोने का डर

खोने के डर से कुछ लोग निभाते हैं
रिश्तों को बहुत प्रेम और सम्मान से,
जैसे माली रखता है ध्यान फूलों का
ताकि टूट न जाए ये अपने ही हाथों से।

वक़्त

खाली हाथ देख कर भला क्यों रोते हो अब
गुजरा हुआ वक़्त आता नहीं कभी भी वापस,
जिसने कहा कल बहुत सारा वक़्त है मेरे पास
पछता रहा है वह आज की क़ीमत न समझकर।

औरत

आँखों के आँसुओं को अपनी
मुस्कान से छिपाए जा रही है,
एक औरत फिर समाज के डर से
अंदर घुट-घुट कर जिए जा रही है।

वक़्त की रेत

माना वक़्त की रेत है तुम्हारे पास
पर घमंड तो थोड़ा कम करो ज़नाब,
क्योंकि जब भी हवा का एक झोंका आएगा
उस रेत को उड़ाकर तुमसे कहीं दूर ले जाएगा।

ख़ूबसूरत मोड़

ख़ूबसूरत मोड़ ले लेती है
हमारी ज़िन्दगी उस दिन,
सीख जाते हैं जब ज़िन्दगी
जीना दूसरों की शर्तों के बिन।

ललचाए जा रहे

देखे हैं ऐसे अपाहिज जो पैसे की खातिर
मेहनत करने के लिए ललचाए जा रहे हैं,
देखे हैं ऐसे हृष्ट पुष्ट भी जो पैसे की ख़ातिर
भीख मांगने के लिए ललचाए जा रहे हैं।

सन्नाटा

अंधियारी रातों का सन्नाटा कुछ बता रहा है
दुख में अकेले होते हैं हम यह दिखा रहा है,
यह सन्नाटा चांदनी रात में दूर भाग जाता है
सुख में हर कोई हमारे साथ दिख जाता है।

ज़िंदगी की तपिश

ज़िंदगी की तपिश ने मुझे बहुत कुछ सीखा दिया
खुद की अहमियत करने का नया पाठ सीखा दिया,
सिर्फ़ बहारों में तुम सब कुछ नहीं सीख पाओगे
जो पतझड़ में बहुत अच्छे से सीखते ही जाओगे।

शर्त

अपनी शर्तों पर जीवन व्यतीत करोगे

तो समाज को आँख का काँटा लगोगे,

समाज की शर्तों पर जीवन व्यतीत करोगे

तो उन्हें तुम बहुत ही सुंदर फूल लगोगे।

रूठना

हमारे करीबी अक्सर हमसे रूठ जाते हैं

ना मानो उनकी बात तो बात बंद कर देते हैं,

मगर क्यों वो यह बात समझ नहीं पाते हैं कि

रूठने के हक़ का गलत इस्तेमाल नहीं किया करते हैं।

एहतियात-ए-इश्क़

एहतियात-ए-इश्क़ रखने वालों
का भी दिल डगमगा जाता है,
बेहद ख़ूबसूरत जब कोई नज़रों
के सामने आ जाता है।

पन्ने

किताब के पन्ने पढ़कर इम्तिहान की तैयारी कर ली
गलत मिटाकर सही लिखने की होशियारी कर ली,
ज़िन्दगी के पन्ने भी पलटकर इम्तिहान किया शुरू
गलत मिटता नहीं इन पन्नों पर हो गए इससे रूबरू।

बेख़बर

मैं थी बेख़बर ख़ुद से कुछ इस तरह
जैसे मृग ढूंढता है कस्तूरी हर जगह,
खुद पर आत्म-विश्वास जब से पाया
ज़िन्दगी जीने का नया जज़्बा आया।

इंतज़ार

आकाश में बादल बरस कर चले गए
धूप के साथ इंद्रधनुष का इंतज़ार था,
लौटने का वादा करके तुम भी चले गए
एक उम्मीद के साथ बस तेरा इंतज़ार था।

मोहब्बत

मेरे जाने से शायद तुझे ये एहसास हो जाए
मतलबी मोहब्बत किसी को भी न रास आए,
पता चल जाता है सच्ची मोहब्बत का महत्त्व
जब वही मोहब्बत तुमसे बहुत दूर चली जाए

क़ायनात

वक़्त रहते कभी भी समझा न वो मेरे प्रेम को
आज कर रहा है मिन्नतें मुझे वापस पाने को,
क़ायनात का इरादा क्या है मुझको पता नहीं
पर दिल में मेरे अब उसकी जगह खाली नहीं।

आनंद का स्त्रोत

आनंद का स्त्रोत नहीं है ये बनावटी चीज़ें
गुजारों कुछ पल सुंदर प्रकृति की गोद में,
समंदर की लहरें या हो पहाड़ों का सौंदर्य
खो जाओगे पड़ेगी जब भी इन पर निगाहें।

बेमतलबी मुलाकातें

मिलते है कई अजनबी ज़िन्दगी की सुंदर राह में
बेमतलब की मुलाकातें यूँ ही होती नहीं किसी से,
सीखा देती है कुछ न कुछ जरूर हमको मुलाकातें
बस यूँ ही न समझा करो इन्हें बेमतलबी मुलाकातें।

क़रीब

कुछ लोग क़रीब होकर भी
दिल के क़रीब नहीं होते हैं,
कुछ दूर होकर भी न जाने
क्यों बेहद क़रीब हो जाते हैं।

याद

चूम लेती है तेरी याद हमें
अक्सर जब हम तन्हा होते हैं,
तेरी याद के साथ हम तो अब
हर समय बस खोए से रहते हैं।

दुनिया

दुनिया की भीड़ में पसंद नहीं रहना मुझको
मतलबी दुनिया में अपनी ही पड़ी है सबको,
सच्चे लोग आजकल आसानी से मिलते नहीं
हर कोई आपका भला ही सोचे ये जरूरी नहीं।

ग़म-ओ-हँसी

ग़म-ओ-हँसी ने ज़िन्दगी को ज़ायकेदार बना दिया
दोनों के तालमेल का है कितना महत्व दिखा दिया,
ग़म है तीखी मिर्च और हँसी बिलकुल चीनी जैसी
इनके मिश्रण के बिना ज़िन्दगी है बिल्कुल फीकी।

राज़ दिल के

राज़ दिल के नहीं खोलना
बड़ा बेरहम यहाँ ज़माना है,
जिसका काम ही जज़्बात
के साथ हर वक़्त खेलना है।

मासूम सवाल

दिल को जब लगती है चोट
पूछता है ऐसे मासूम सवाल,
जवाब जिनका समझने में ही
अक्सर लग जाते हैं कई साल।

मतलबी दुनिया

इस मतलबी दुनिया में हर कोई एक जैसा नहीं
जिसे जो समझो वो वैसा ही हो यह ज़रूरी नहीं,
दे पीड़ा जो रुह को उनसे रखो कोई वास्ता नहीं
रुह को सुकून दे जो उनको कभी भी खोना नहीं।

नासमझी

नासमझी ही होती है उन फूलों की जो सोचते हैं
कभी तो वो वक़्त आएगा जब कोई तोड़ेगा नहीं,
नासमझी होती है उन आज़ाद उड़ते पंछियों की
मानते हैं जो पिंजरों का अंत भी तो होगा कभी।

प्यार में

मेरे रब से करूँ मैं एक छोटी सी ही गुज़ारिश
करे न कोई प्यार में किसी तरह की साज़िश,
सच्चे प्यार में होती है बड़े कमाल की कशिश
बिछड़े न दो दिवाने यही है मेरी एक ख़्वाहिश।

मरहम

गुज़रा वक़्त कुछ गहरे घाव दिल पर छोड़ जाता है
भरने में जिनको कई बार लंबा समय लग जाता है,
किसी के घाव का कारण बनना अच्छा नहीं होता है
मरहम बनो तो दिल को सुकून का एहसास होता है।

ज़ख़्म

इक ज़ख़्म सिल दो मेरा
दिल का यह दर्द कम कर दो ज़रा,
एक ही तो दिल है हमारे पास
सिल कर पहले जैसा कर दो ज़रा।

अतीत

अतीत की कुछ बातें जब याद आती हैं
गुज़रे वक़्त की आहट फिर हो जाती हैं,
पुरानी यादें कहाँ आसानी से छूट पाती हैं
बिना इत्तिला जब तब चली आ जाती हैं।

टूटते रिश्ते

टूटते रिश्ते दिल को बेहद तकलीफ़ देते हैं
प्यार के सागर में दुख और दर्द भर देते हैं,
जोड़ने की कोशिश भी हम किया करते हैं
पर दरारों के साथ ही अक़्सर जुड़ पाते हैं।

मंज़िल

ज़िन्दगी के सफ़र में चलने वाले हम राहगीर है
सफ़र की मुश्किलों से टकराने को हम तैयार है,
मंज़िल को पाने की ज़िद भी हम सब में भरपूर है
मिल जाएगी एक दिन हमें मंज़िल यही उम्मीद है।

एहसास

तेरा एहसास ही काफ़ी है
ज़िन्दगी की राह में चलने
के लिए तेरी मोहब्बत का
बस यह साथ ही काफ़ी है।

ख़ंजर

पीठ पीछे ख़ंजर कोई पराया घोंपे
तो इतना गहरा ज़ख़्म नहीं मिलता है,
घोंपे अगर कोई अपना तो ज़ख़्म इतना
गहरा कि भरने में वक़्त लग जाता है।

मीलों का सफ़र

मीलों का सफ़र तय करके
आएंगे हम तुमसे मिलने,
तुम करना इंतज़ार हमारा
हम वापस नहीं मुड़ने वाले।

हमसफ़र

हमारे दरमियाँ कुछ फ़ासला है
इश्क़ का सुरुर फिर भी पूरा है,
तड़पते हैं ख़ूब हम तेरी ख़ातिर
हमसफ़र बन जाओ मेरी ख़ातिर।

भरोसा

अब तो अकेले चलना है
ख़ुद को फिर संभालना है,
मतलबी यहाँ कुछ लोग है
जिनसे न कोई उम्मीद है,
बोलते हैं झूठ देते हैं धोखा
कैसे करे इन पर हम भरोसा।

अधूरी कहानी

अंहकार ने प्यार के रिश्ते को फीका कर दिया
नफ़रत ने मिठास को कड़वाहट में बदल दिया,
हो न पाई पूरी दो दिलों की एक प्यारी कहानी
रह गई यादों में बनकर बस एक अधूरी कहानी।

रिश्ते

कभी कभी कुछ रिश्ते

वक़्त के साथ इतने

मुरझा जाते हैं कि

पहले जैसे बहुत

मुश्किल से ही

खिल पाते हैं।

बात

बात अधूरी रह गई

एक कहानी अधूरी रह गई,

दिल की बात दिल में रह गई

जुबां पर आते आते वहीं धरी रह गई।

सपनों की भीड़

इन सपनों की भीड़ का क्या करूँ जो रहती है बहुत
मेरे आस-पास

सपनों को पूरा करके इस भीड़ को कम करने की
तमन्ना भी है ख़ास,

जिस दिन इन सपनों को पूर्ण करके भीड़ से इनकी
मुक्त हो जाऊँगी

आज़ाद पंछी की तरह आकाश में उस दिन से उड़ती
ही चली जाऊँगी।

कठपुतली

दिल टूट गया है जो अब जुड़ नहीं पाएगा आसानी से

ज़ख़्म भर नहीं पाएंगे अब फिर से तेरी झूठी मोहब्बत से,

गुमसुम सी कठपुतली समझा था जिसको तूने अपने जीवन में

खींच कर तोड़ दी उसने वो डोर जो थाम रखी थी तूने हाथों में।

इश्क़ का रुतबा

इश्क़ का रुतबा होता है क्या जान गए उस दिन
हम
जिस दिन देह में दिल होते हुए भी दिल खो गए
हम,
इश्क़ की चाशनी की मिठास चख ले जो भी एक
बार
लगने लगती है बाकि मिठास उसको फीकी और
बेकार।

इश्क़

अक्सर तेरा ही ध्यान रहा
हो अज़ीज तुम इतना कि
दिल के हमेशा तू पास रहा
है इश्क़ का ये कैसा जादू
रूह में बस तू समाता रहा,

दिल पे दी है दस्तक तूने ऐसे
कि तेरा ही नशा चढ़ता रहा
खो सी गई हूँ तेरे इश्क़ में मैं
इस कदर कि मेरी कविताओं
में भी ज़िक्र तेरा ही होता रहा।

चाह

बुरा नहीं देखना चाहती हूँ मैं

सपनों को पूरा होते देखने की है चाह,

बुरा नहीं सुनना चाहती हूँ मैं

अपने लिए दुआएँ सुनने की है चाह,

बुरा नहीं बोलना चाहती हूँ मैं

अपनी बातों से बदलाव लाने की है चाह,

बुरा नहीं सोचना चाहती हूँ मैं

अच्छा सोच कर लिखने की है चाह।

दिल

दिल! दरवाज़ा कर ले बंद
ज़माना है बहुत अक्लमंद,
मतलब के यहाँ सब यार है
दिखावट का यहाँ प्यार है,
दिल तो है एक खिलौना यहाँ
जिससे खेले कई लोग यहाँ,
संभाल कर रखो इस दिल को
आने नहीं दो हर किसी को,
खोलो बस इस दिल का दरवाज़ा
उसके लिए जो क़ाबिल है इसका।

ऐ खुदा

ऐ खुदा तू मुझमें समा जा

मेरी रूह में पवित्रता के

सफ़ेद धुएँ को फैला जा,

झूम जाओं मैं तेरे प्रेम में

ऐसा कोई संगीत फिज़ा में

बिखेर कर मेरे क़रीब आ जा,

हो गई है मोहब्बत तुमसे

अब बस देर ना कर

मेरे दिल को सुकून दे जा।

पतझड़

पतझड़ में सूखे पत्ते टूट कर ज़मीन पर बिखर गए
कर रहा है इंतज़ार पेड़ अब नए पत्तों के सजने का,

टूट गई हूँ मैं भी बिल्कुल इन सूखे पत्तों की तरह
कर रहा है मेरा दिल भी इंतज़ार मेरी हिम्मत का,

सज जाऊँगी मैं भी तब बिल्कुल नए पत्ते की तरह
आएगा जब भी खुशियों से भरा मौसम बहार का।

रात

रो देती है रात मेरे साथ
मुझे सहारा देने के लिए
कहती है रो लो अभी तो,
अंधेरा है नहीं दिखेंगे ये
आँसू तेरे किसी को इस
काली अंधियारी रात में,
जो अक्सर दिख जाते हैं
सब को दिन के उजाले में।

तितली

मन करता है तितली
के रंगों को चुरा लूँ
चुरा कर ये रंग बेरंग
सी ज़िन्दगी में भर लूँ,

उड़ कर तितली की
तरह जाना है पसंदीदा
फूल के समीप ताकि
रस इश्क़ का पी लूँ।

बत्ती

गमों की गाड़ी जब भी
सुंदर ज़िन्दगी की राह
में अचानक आ जाती है
लाल बत्ती ही हर जगह
नज़र आने लग जाती है,

पीली बत्ती की तरह ज़िन्दगी
लाल बत्ती के हरे होने का
इंतज़ार करती है तब तक
दौड़ने न लग जाए फिर से
खुशियों की गाड़ी जब तक।

खुशियों के रंग

अपना साथ नहीं छोड़ो
रब पर पूरा यक़ीन रखो,

मुश्किलें तो राह में आएंगी
परिक्षा भी हमारी ली जाएगी,

करना है सामना हर तूफ़ान का
इंतिज़ार करेंगे हम नई रोशनी का,

ग़म के बादल जल्द ही छट जाएंगे
खुशियों के रंग दुबारा खिल जाएंगे।

अभिव्यक्ति

लफ़्ज़ मेरे जो होठों
पर कहीं खो जाते हैं
क़लम के सहारे पास
अपने बुला लेती हूँ,

लफ़्ज़ को पिरोकर
कविता का रुप देकर
अपने विचारों को
अभिव्यक्त कर देती हूँ,

अभिव्यक्ति की खातिर
किया है क़लम से प्रेम

अब मैं अपने विचार

दिल में नहीं छुपाती हूँ,

आज बन गई है पक्की

साथी मेरी यह क़लम

साथ जिसके दिल की हर

बात साझा कर लेती हूँ।

तूफ़ान

समंदर में उठे तूफ़ान से जो लड़
लिए हो तुम तो फिर दिल में उठे
इस तूफ़ान से क्यों घबराते हो,

हौसलों की चाल चलकर अपनी
राह में आए हर तूफ़ान हर मुशिकल
से क्यों नहीं टकराकर लड़ते हो,

आँख से आँख मिलाकर इसका
अंहकार तोड़कर अपनी हिम्मत
का परिचय क्यों नहीं देते हो,

तूफ़ानों से लड़कर ही दिखाई

देता है सब साफ-साफ, तुम क्यों

इतनी सी बात नहीं समझ पाते हो।

अनुभव

शाम के बाद चन्द्रमा के उजाले में
सज जाती है रात तारों की टोली से,

बरखा के बाद सूरज की रोशनी में
रंग जाता है आकाश इन्द्रधनुष से,

खिलता है गुलाब काँटो की भीड़ में
ताकि तोड़े ना उसे कोई आसानी से,

होते हैं कुछ अनुभव ऐसे ही जीवन में
चलो सीख ले नया पाठ हम भी उन से।

स्त्री

स्त्री प्यार भरे बोल बोले तो लगती है बड़ी प्यारी
बोले बोल अपने हक़ ख़ातिर तो है वो बड़बोली,

बिन्दी, बिछिया, पायल, चूड़ी पहने तो है पतिव्रता
ना पहने जो उसने ये सब तो कहलाती है वो बेहया,

चले दूसरों के कहे अनुसार तो कहलाती है संस्कारी
जीने लगे ख़ुद की ख़ातिर तो कहलाती है अभिमानी,

अक्सर होती रही है आलोचनाएँ स्त्रियों की भूतकाल में
हो रही है वही आलोचनाएँ आज भी वर्तमान समय में।

मेरे पिता

माँ के साथ-साथ करी है जिसने
मेरी परवरिश वो है मेरे पिता,

हर माँग को पूर करने के लिए जो
करता है मेहनत वो है मेरे पिता,

मेरी तरक्की देखकर जो दिल
से ख़ुश हो जाए वो है मेरे पिता,

दुख में ख़ामोशी से जो सहारा दे
हताश ना होने दे वो है मेरे पिता,

अपनी तकलीफ़ भूलकर दुआएँ भी
जो मेरे लिए मांगे वो है मेरे पिता,

मैं भी रब से मांगू बस ये ही दुआ
सदा सलामत रहे मेरे प्यारे पिता।

रेगिस्तान

रेगिस्तान सी लगती है ये ज़िन्दगी
मुश्किलों की धूप भी है बहुत तेज़,

तन्हाईयां ही छाई हुई है चारों ओर
उम्मीद का पानी भी हो रहा है ख़त्म,

पार कर जाऊँगी यह मुश्किल सफ़र
मिल जाए आशा का एक ऊँट अगर ,

नाज़ुक पुष्प रेगिस्तान में खिलते हैं नहीं
कटीले पौधें बनकर ही जी सकते हैं यहीं।

मुस्कान

चेहरे का नूर बढ़ा देती है
एक प्यारी सी मुस्कान
ख़र्च होता नहीं कुछ भी
देते हैं जब हम मुस्कान,

मुस्कराहट से बिगड़ता
है नहीं कुछ भी यहां पर
रिश्तों को जोड़ देती है
प्यार भरी एक मुस्कान,

नकली मुस्कुराहट नहीं
है किसी भी काम की

दिलों को बांधने के लिए
ज़रूरी है असली मुस्कान,

आते हैं तूफ़ान भी बहुत
तोड़ने के लिए हमको
टूट कर खोना नहीं फिर भी
हिम्मत से भरी अपनी मुस्कान।

यह बात हो गई

वसंत की ख़ता बस यह हो गई
तोड़े गए पुष्प यह बात हो गई,

ग्रीष्म की ख़ता बस यह हो गई
पड़ गया सूखा यह बात हो गई,

वर्षा की ख़ता बस यह हो गई
डूब गए गाँव यह बात हो गई,

शरद की ख़ता बस यह हो गई
झड़ गए पत्ते यह बात हो गई,

शीत की ख़ता बस यह हो गई
जम गए लोग यह बात हो गई,

दिल की ख़ता बस यह हो गई
सुनी दूसरों की यह बात हो गई।

कुछ रिश्ते

यादों का चलता रहता है सफ़र
कुछ लम्हे हैं जो दिल के पास है,

तन्हाई के काले बादल है छाए हुए
वक़्त को तेज़ दौड़ाने की प्यास है,

दे रहा है दस्तक कोई दरवाज़े पर
खुशियों से मिलने की एक आस है,

मेरी ज़िन्दगी में जिनसे छाई मिठास है
प्यार से भरे कुछ रिश्ते हैं जो ख़ास है।

फ़ैसला

तुम्हारी गली में आना मिलने का बहाना था
एक झलक तुम्हारी देखने का जो इरादा था,

फ़ोन पर बात करने का बिल्कुल मन नहीं था
मिलकर तुम से दिल की बात को बतलाना था,

ना जाने मेरा दिल आजकल कहाँ खो गया है
कहीं तुम्हारे पास तो नहीं यह तुम से पूछना था,

मोहब्बत का इज़हार करने के तरीके तो बहुत है
आँखों को पढ़कर फ़ैसला तुम्हारा जो जानना था ।

जान जाओगे तुम

जान लो मैं कोई खिलौना नहीं
जिससे जब चाहो खेल लो तुम,

जान लो मैं कोई कठपुतली नहीं
जिसे जब चाहो नचाते रहो तुम,

जान लो मैं कोई सुंदर फूल नहीं
जिसे जब मन करे तोड़ लो तुम,

जान लो मैं कोई सस्ती वस्तु नहीं
जिसे जब मन करे ख़रीद लो तुम,

मैं क्या नहीं हूँ अब मुझे है विश्वास
आज अच्छे से जान जाओगे तुम।

प्रीत की डोर

प्रीत की डोर से एक जोड़ा बंध गया
सात फेरों का चक्र भी पूरा कर गया,

प्यार भरा सुहाना सफ़र शुरू हो गया
हर तरफ खुशियों का मौसम छा गया,

ज़ालिम वक़्त अपनी चाल चलता गया
बहार का मौसम पतझड़ में बदल गया,

दिलों में बसा प्यार न जाने क्यों रूठ गया
प्रीत की डोर को ढीला करता चले गया।

कोशिश

मन पर छाए उदासी भरे
काले बादल छट जाते हैं
उम्मीद की सुंदर आभा से,

आखों से निरंतर बरसते पानी
पर लगा सकते हैं पूर्णविराम
अपने ऊपर एक विश्वास से,

चुनौती भरी तेज़ हवाओं का
रुख भी बदल कर रख सकते हैं
अपनी छुपी हुई हिम्मत से,

ऊंची लहरें आई जो ज़िन्दगी में

चट्टान बन कर तुम कर सकते हो

सामना अपनी निरंतर कोशिशों से।

भाग्य

भाग्य वो अजनबी है
जिसके बारे में पता नहीं,

कि है वो हमारे साथ
या है हमारे ख़िलाफ़,

ख़ुशी भरे तोहफ़े देगा
या दुख भरे दर्द देगा,

आकाश में हमे उड़ाएगा
या धरती पर गिराएगा।

कोशिश ही नहीं

क्यों कोशिश ही नहीं की
टूटी माला को पिरोने की,

भयंकर तूफ़ान के सामने
निडर होकर खड़े रहने की,

गमों के अंधकार में रहकर भी
खुशियों की रोशनी लाने की,

उलझे हुए हैं जो रिश्ते उनको
दुबारा प्यार से सुलझाने की,

दूर जाते हुए अपने लोगों को
एक आवाज़ देकर रोकने की।

वक़्त

पल-पल वक़्त निकलता रहा
अलग-अलग खेल खेलता रहा,

अपनी तेज़ चाल से चलता रहा
किसी के कहने से न रुका रहा,

इंसान बस नासमझ ही बना रहा
यूँ ही बेपरवाह वक़्त गंवाता रहा,

मिन्नतें करके बाद में बुलाता रहा
ख़ुद की नासमझी पर रोता रहा,

वक़्त मगर बहरा बनकर ही रहा
सबको अनसुना करता ही रहा।

ये फ़ासला

दिन ब दिन बढ़ता
हुआ ये फ़ासला
कर रहा है जुदा
हमें एक दूसरे से,

बने ही नहीं है हम
एक दूजे के लिए
टकरा कर मिले ही
क्यों इस ज़मीं पे,

न मुझे तेरी न तुझे है
मेरी कोई भी फ़िक्र

मस्त है दोनों अपनी
अलग दुनिया में,

हो न जाए इतने भी
दूर एक दूसरे से
कि निगाहें फेर ले गुज़रे
जब भी एक ही गली से।

एहसास

कीमती आँसुओं को यूँ न बहाना
किसी की ख़ातिर मत दुखी होना,

बताकर एहसास ज़ाया मत करना
उनसे जिनको भेदभाव है करना,

मतलबी रिश्तों को सहन न करना
ख़ुद को इनसे हमेशा दूर ही रखना,

दिल में ईर्ष्या को कभी जगह न देना
मुमकिन नहीं सबको हर चीज़ मिलना,

सत्य की राह पर निडर होकर चलना
झूठ को जीत का झंडा न पकड़ने देना।

रंग

कुछ रंगीन कलमें
खरीदकर लाई मैं
देखा जब बाज़ार में
मन को लुभा गई ये,

सोचा क्यों न इनसे
कुछ करा जाए
अपने बेरंग जीवन में
रंगों को भरा जाए,

लाल, हरा, पीला, नीला
हर रंग की है अहमियत

करते हैं नहीं ये रंग
एक दूसरे से शिकायत,

काला और सफ़ेद रंग भी
पसंद है किसी-किसी को
सिर्फ़ चटक रंग ही भाते
हैं नहीं हर किसी को।

सीढ़ी

सोचा करती हूँ मैं अक्सर
क्या ऐसा कोई भी है जो
सीढ़ियां चढ़ते हुए कभी
फिसलकर गिरा नहीं,

गिरती है नन्हीं चींटी
जब चढ़ती है दीवार पर
करती रहती है कोशिश
मगर चढ़ने की बार-बार,

गिरते हैं छोटे बच्चे भी जब
चढ़ते हैं सीढ़ी पहली बार

सीख लेते हैं फिर चढ़ना
मानते नहीं बिलकुल भी हार,

ऐसी ही है सफलता की सीढ़ी
जिस पर गिरने के अनुभव होने
के बाद ही हम सीख पाते हैं कि
कैसे करनी है आख़िरी सीढ़ी पार।

लम्हा-लम्हा

बीत रही है ज़िन्दगी लम्हा-लम्हा
चलो खुल के जी ले हर पल यहाँ,

कभी लगती है ज़िन्दगी एक सज़ा
कभी जीने में मज़ा आता है यहाँ,

आओ प्यार को अपना लेते हैं ज़रा
नफ़रत की कोई भी जगह नहीं यहाँ,

अपनों से निश्छल प्रेम करते हो ना
परायों को भी थोड़ा स्नेह दे लो यहाँ,

सुख की सुबह में अति खुश रहो सदा
दुख भरी रातों का सामना भी करो यहाँ।

कैनवास

कोरे कैनवास सी है ये
ज़िन्दगी जिसमें उतारना
चाहता है हर कोई अपनी
पसंद की सुंदर तस्वीर को,

अलग-अलग रंग की
भावनाओं का इस्तेमाल
करके बनाता है इंसान
रंगीन इस कैनवास को,

कभी-कभी बन जाती है
तस्वीर जो हमें पसंद हो
कभी-कभी बन जाती है
तस्वीर रब को जो पसंद हो।

प्रेम कहानी

नज़रें उनसे ऐसी मिली कि हमें मोहब्बत हो गई
उनके दीदार की तड़प से यह बात साबित हो गई,

बिन कहे समझते नहीं है वो हमारे दिल की बात
कौन बताए उनको कि क्यों अब नींद भी उड़ गई,

महसूस होते हैं हमें भी उनके दिल के वो जज़्बात
जिनके एहसास से दीवानी मैं तो होती चली गई,

इश्क़ में इज़हार सिर्फ़ एक ही तरीके से होता नहीं
इज़हार की चाह में इंतज़ार की घड़ियाँ चलती गई,

कहाँ छिप पाती है दो दिलों की मोहब्बत जमाने से
हमारी प्रेम कहानी की चर्चा अब आम बात हो गई।

इश्क़

खुद को हम रोक न सके
इश्क़ करने से बच न सके,

रूह से जुदा उसे कर न सके
प्यार भरी बातें भूला न सके,

दिल से उसे निकाल न सके
गुज़रे पलों को भूला न सके,

टूटे दिल को संभाल न सके
ज़ख़्मों को हम भर न सके,

इश्क़ का रोग मिटा न सके
इसकी हम दवा न कर सके।

करीब हो गए

ज़िन्दगी ने इतना सिखाया कि समझदार हो गए
हर तरह के जज़्बात समझने के क़ाबिल हो गए,

भाग्य के खेल को खेलते हुए बहुत बेचैन हो गए
कर्मों का है हिसाब किताब इससे रूबरू हो गए,

दुख के ऊँचे पहाड़ देखकर कुछ परेशान हो गए
सुख भी है दूर नहीं इस बात से निश्चिन्त हो गए,

नफ़रत करने वाले लोगों से एक दिन दूर हो गए
प्यार करने वालों के धीरे से बेहद करीब हो गए।

ये दिल

ये दिल बड़ा ही नाज़ुक है
प्यार की इसको ज़रूरत है
घर इसका बहुत बड़ा है पर
सबके लिए उपलब्ध नहीं है,

जज़्बात से है इसका वास्ता
प्यार मिले तो देता है जगह
नफ़रत मिले तो निकाल देता
है न चाहते हुए भी घर से,

रिश्तों की पक्की डोर से
मिल कर चलो संभाले इसे
प्यार से सीचेंगे रोज़ फिर से
टूटने न दुबारा देंगे आज से।

वफ़ा तो निभाते

अच्छा होता अगर तुम हमारी ज़िन्दगी में न आते
बिन किसी के हम तो ख़ुशी से अकेले ही जी लेते,

मीठे इश्क़ के ख़्वाब तुम हर पल हमें ख़ूब दिखाते
थोड़ी सी कोशिश उनको पूर करने की भी कर लेते,

इधर उधर नए चेहरों को तुम हर वक़्त हो ताकते
कभी तो हमारे इस दिल में भी झांक कर देख लेते,

झांकते हमारे दिल में तो अपनी तस्वीर को देखते
कितनी मोहब्बत की है तुमसे यह बात समझ लेते,

समझा हमसफ़र हमने तुम्हें थोड़ी वफ़ा तो निभाते
ज़िन्दगी की राह में हाथ थामकर साथ तो चल लेते।

दिल और दिमाग

कश्मकश तो रहती है
दिल और दिमाग के
बीच हर घड़ी एक जंग
सी छिड़ी रहती है,

दिल कहे मानो बात
मेरी पर दिमाग कहे
सुनो न दिल की बात
एक पल को भी,

जंग जारी है अभी
भी इन दोनों की
जितेगा कौन ये फ़ैसला
ही बस आना बाकी है।

नए पाठ

ग़म के बादलों ने कुछ इस तरह घेरा हैं
हर सम्त अँधेरा ही बस छाए जा रहा है,

आँखों का पानी आज फिर बरस रहा है
दिल के पुराने घाव भूलाना चाह रहा है,

थोड़ा उजाला ज़िन्दगी में दिख सा रहा है
फिर भी दिल पता नहीं क्यों घबरा रहा है,

गुज़रा वक़्त क्यों बार बार चले आ रहा है
पता नहीं हमसे आख़िर क्या चाह रहा है,

वक़्त भी बहुत हमारे मज़े लिए जा रहा है
रोज़ नए नए पाठ ज़िन्दगी के सीखा रहा है।

यहीं कहीं हूँ मैं

सूरज की पहली किरण जब तुम पर पड़े
तो समझना तुम्हारे पास यहीं कहीं हूँ मैं,

ठंडी हवा का झोंका आकर गले लगा ले
तो समझना तुम्हें बहुत याद कर रही हूँ मैं,

सूखा पत्ता जो तुम्हारे कंधे पर आकर गिरे
तो समझना मिलन के लिए तड़प रही हूँ मैं,

बारिश की बूँदें जब तुम्हें छू कर भिगो दें
तो समझना रूह को सुकून देने आई हूँ मैं,

जब भी सुन्दर रंग बिरंगे फूल दिखाई दे
तो समझना उन पर बैठी हुई तितली हूँ मैं।

महक

महक भी कमाल की होती है
एक नहीं कई तरह की होती है,

स्वादिष्ट भोजन की महक
भूख को दोगुना कर देती है,

मंदिर में अगरबत्ती की महक
रूह को थोड़ा सुकून देती है ,

तरह तरह के फूलों की महक
वातावरण को महका देती है,

बारिश में गीली मिट्टी की महक
इत्र की महक को भी हरा देती है।

चमन

दिल के चमन में भी
विभिन्न प्रकार की
भावनाओं के रंग बिरंगे
सुन्दर फूल खिलते हैं,

प्यार, खुशी, भरोसा,
अपनेपन के फूलों से
यह चमन बेहद सुंदर
सा महसूस होता है,

तो दुख, नफ़रत, उदासी
के मुरझाए हुए फूलों से

कभी कभी थोड़ा निर्जीव
सा महसूस होता है,

बनने न दो इस दिल के
चमन को निर्जीव सा
सिंचाई करो प्यार से ताकि
रहे यह जीवित हमेशा।

ज़िंदगी की रफ़्तार

हम सोच में डूबे रहे मस्त होकर
वक्त ने चली चाल नाराज़ होकर,

करा सामना ग़म का हिम्मती होकर
सीखा धैर्य रखना समझदार होकर,

करा स्वागत तूफ़ानों का ख़ुश होकर
सहा दर्द को कांटों से रूबरू होकर,

मोहब्बत को अपनाया बेहिचक होकर
नफ़रत को करा दूर क़लम की होकर,

ज़िंदगी की रफ़्तार बढ़ी बेकाबू होकर
संभल गए हम फिर अक्लमंद होकर।

विश्वास

विश्वास शब्द बहुत अहम है
इसके बिना रिश्तों में वहम है
पक्की माला बनाओ इसकी
टूटे न जो किसी हाल में भी,

उन रिश्तों की नींव है कमज़ोर
जहाँ विश्वास रहता कोसों दूर
हासिल करना इसे आसान नहीं
विश्वास नहीं तोड़ों किसी का भी,

विश्वास से ही रिश्तों में जीवन है
इसी से लोगों में एक अपनापन है
अपने पराए सबको है जरुरत
विश्वास से ही होती प्यार में बरकत।

याद है क्या

याद है क्या तुम्हें वो खिलखिलाने की रातें
जब होती थी हमारी प्यार भरी ढेर सारी बातें,

बीते हुए सुनहरे पल दुबारा लौट के नहीं आते
चल कर लें हम आज फिर वही प्यार भरी बातें,

भागदौड़ भरी ज़िन्दगी में ये पल नहीं मिल पाते
सुकून मिल जाए थोड़ा करके दो चार मीठी बातें,

नाराज़गी में क्यों लोग ख़ुशी के पल है खो देते
ख़ुशियाँ क्यों नहीं संजोते करके सुकून भरी बातें,

उदास टूटे दिलों में ख़ुशनुमा पलों को है बाँटते
हलका करें दिल को खुलकर करते हैं चलो बातें।

व्यथित मन

जीवन में होते रहते हैं खेल
समझना जिनको है मुश्किल
कभी आते हैं खुशी के पल तो
कभी छाते हैं ग़म के घने बादल,

मन की व्यथा कैसे बयां करे हम
किसको दिल की बात बताए हम
सब मसरूफ़ है अपनी ज़िन्दगी में
कुछ लेना देना नहीं किसी और से,

जब करे कोई दिल की बात तुमसे
तो सुनना बात उसकी बड़े ध्यान से

व्यथित मन टूट कर हो जाता है चूर
जब अकेलापन महसूस करता ख़ूब,

मिलजुल कर सुख दुख साझा करो
डूबते को तिनके का सहारा भी दो
व्यथित मन को प्यार से समझाओ
अपनापन दिखाकर गले भी लगाओ।

हौसले

हाथ पे हाथ रखकर
बैठना ठीक बात नहीं
समय को यूँ नष्ट कर
देना अच्छी बात नहीं,

चलो उठो अपनी राह में
पत्थरों का सामना करो
विश्वास के साथ अपनी
मंज़िल की ओर बढ़ते रहो,

पेड़ के पत्ते की भाँति अगर
कभी तुम राह में गिर जाओ
तब निराश होने की जगह
हौसले हमेशा ही बुलंद रखो।

फ़ितरत

इंसान की अक्सर
फ़ितरत यही रही है
जो पास है उसकी
कदर नहीं करी है

वक़्त बहुत कीमती है
एक बार जो यह गया
वापस इसका आना
है बहुत ही मुश्किल,

ठोकर खाकर ही हम
समझ पाते हैं वह बात

जो समझते नहीं जब
ठीक होते हैं हालात,

गिरकर उठना ही है
ज़िन्दगी में बार बार
आएंगी बहुत मुश्किलें
मानेंगे नहीं लेकिन हार।

सोशल मीडिया

कुछ अजनबियों से मुलाकात हो गई
पर ऑफ़लाइन नहीं ऑनलाइन हो गई,

मिले बिना हमारी जान पहचान हो गई
बातों बातों में नई दोस्ती पक्की हो गई,

ज़िन्दगी में नए दोस्तों की बरकत हो गई
सुख दुख साझा करने की आदत हो गई,

ब्लॉक की व्यवस्था भी इस्तेमाल हो गई
मानसिक शांति जब बहुत ज़रूरी हो गई,

सोशल मीडिया की अलग दुनिया हो गई
आजकल यह तो एक आम बात हो गई।

कर्तव्य

मन को भा गया लालिमा से नहाया सूरज
जो अपने कर्तव्यों को पूर्ण करता हर रोज़,

थकता है यह भी दिन भर रोशनी बिखेर कर
चल पड़ा है तभी घर की ओर अस्त हो कर,

पंछियों की टोली भी लौट रही है घोंसलों में
चुग कर दाना चल पड़े यह आराम फरमाने,

समुद्र का जल भी उछल कूद कर हो गया बोर
थोड़ी शांति से चलना चाहता है मंज़िल की ओर,

आसमान कर रहा है इंतज़ार सूरज के ढलने का
बेचैन है श्वेत रंग में नहाए चंद्रमा की झलक का।

बिन बुलाए मेहमान

कुछ लोग बिन बुलाए मेहमान की तरह होते हैं
बिन बुलाए ही हमारी ज़िन्दगी में आ जाते हैं,

बिन बुलाए आते हैं लेकिन दिल में समा जाते हैं
रूह में बस कर अपनी एक छाप छोड़ जाते हैं,

धीरे धीरे एक पक्के रिश्ते की डोर में बंध जाते हैं
टूटे न यह डोर हर पल इसका भी ध्यान रखते हैं,

दूर होते हुए भी दिल के बेहद क़रीब हो जाते हैं
नाता है कोई पुराना उनसे ऐसा महसूस कराते हैं,

अचानक से न जाने क्यों ये लोग पास आ जाते हैं
क्यों हमारी ज़िन्दगी का एक हिस्सा बन जाते हैं।

दोस्ती

कुछ रिश्ते ऐसे होते हैं
जो ख़ून के नहीं होते हैं
फिर भी हमारे दिल के
बहुत ही क़रीब होते हैं,

उन रिश्तों को अक्सर
दोस्ती का नाम देते हैं
अज़ीज होते हैं उतने ही
जितने बाकी रिश्ते होते हैं,

दुख सुख साझा करने के
लिए सच्चा दोस्त ही सही
मतलबी लोगों की भीड़ की
जगह, एक दोस्त की काफ़ी।

ख़ुद को न भूलना

सबका ख़्याल रखना
पर ख़ुद को न भूलना
अपनी भी फिक्र करना
थोड़ा आराम कर लेना,

खुशियों के पल ढूंढना
खुलकर जी भर हंसना
मनचाहा गाना गा लेना
झूम कर नृत्य भी करना,

रिश्तों में न उलझ जाना
ख़ुद की पहचान बनाना

जैसे रहना है वैसे रहना
मन को संवार कर रखना,

ज़बरदस्ती सहन न करना
जो लगे सही वही करना
आता है रोना तो रो लेना
पर हिम्मत कभी न हारना।

नौबहार

नौबहार के मौसम के साथ दिल भी ख़ुश हो गया
इश्क़ के सुंदर फूलों का फिर से आगमन हो गया,

दिल की बंजर जमीं को फिर से सुकून मिल गया
जब मेरा प्रीतम फिर से दिल के क़रीब आ गया,

मौसम का जादू ऐसा कि दिल मेरा मोर हो गया
प्रेम की अनुभूति में नाच कर अपना होश खो गया,

फूलों की सुगंध से वातावरण में नशा सा फैल गया
जिसका असर इश्क़ में डूबे लोगों पर चढ़ता ही गया,

नौबहार का जादू सब दिलों को ग़ज़ब रास आ गया
हर कोई इसको दिल से महसूस करता चले ही गया।

निर्झर

आँखों से झर झर बहता हुआ निर्झर
थम गया है क़लम को अपना मानकर,

दुख का निर्झर बयां करता दुख बह बहकर
रोकने से भी रुकता नहीं यह ज़िद्दी निर्झर,

बहते हुए सीखा बहुत कुछ हिम्मत रखकर
ख़ुश है अब जज़्बात की स्याही में डूबकर,

सुख का निर्झर करता आराम बेफ़िक्र होकर
लिखते उसे भी कागज़ पर स्याही बिखेरकर,

मेरी क़लम खुश है दोनों को प्यार से थामकर
नई कविता बुनती है ये इनका बहाव रोककर।

विभा एक भारतीय लेखिका हैं जो मूल रूप से दिल्ली, भारत की रहने वाली हैं। इन्होंने जबलपुर, मध्य प्रदेश से बी.कॉम किया है और कोलकाता, पश्चिम बंगाल से इंटीरियर डिजाइनिंग में डिप्लोमा किया है। फिर इन्होंने कुछ महीनों तक दिल्ली की एक आर्किटेक्चरल फर्म में भी काम किया। वह रचनात्मक कार्य करना पसंद करती हैं और मानती हैं कि लेखन के लिए रचनात्मकता की भी आवश्यकता होती है। लिखने के अलावा इन्हें पढ़ना, कला, शिल्प और फोटोग्राफी का भी शौक है।

www.ingramcontent.com/pod-product-compliance
Lightning Source LLC
LaVergne TN
LVHW060132051026
849517LV00007B/2460
9798889519362